BEI GRIN MACHT SICH IHR WISSEN BEZAHLT

- Wir veröffentlichen Ihre Hausarbeit,
  Bachelor- und Masterarbeit

- Ihr eigenes eBook und Buch -
  weltweit in allen wichtigen Shops

- Verdienen Sie an jedem Verkauf

Jetzt bei www.GRIN.com hochladen
und kostenlos publizieren

Susanne Rieder

Rollentheorie: Warum trägt der Clown immer so große Schuhe?

GRIN Verlag

Bibliografische Information der Deutschen Nationalbibliothek:

Die Deutsche Bibliothek verzeichnet diese Publikation in der Deutschen National-
bibliografie; detaillierte bibliografische Daten sind im Internet über http://dnb.d-
nb.de/ abrufbar.

Dieses Werk sowie alle darin enthaltenen einzelnen Beiträge und Abbildungen
sind urheberrechtlich geschützt. Jede Verwertung, die nicht ausdrücklich vom
Urheberrechtsschutz zugelassen ist, bedarf der vorherigen Zustimmung des Verla-
ges. Das gilt insbesondere für Vervielfältigungen, Bearbeitungen, Übersetzungen,
Mikroverfilmungen, Auswertungen durch Datenbanken und für die Einspeicherung
und Verarbeitung in elektronische Systeme. Alle Rechte, auch die des auszugsweisen
Nachdrucks, der fotomechanischen Wiedergabe (einschließlich Mikrokopie) sowie
der Auswertung durch Datenbanken oder ähnliche Einrichtungen, vorbehalten.

Impressum:

Copyright © 2005 GRIN Verlag GmbH
Druck und Bindung: Books on Demand GmbH, Norderstedt Germany
ISBN: 978-3-656-85047-2

Dieses Buch bei GRIN:

http://www.grin.com/de/e-book/159751/rollentheorie-warum-traegt-der-clown-
immer-so-grosse-schuhe

GRIN - Your knowledge has value

Der GRIN Verlag publiziert seit 1998 wissenschaftliche Arbeiten von Studenten, Hochschullehrern und anderen Akademikern als eBook und gedrucktes Buch. Die Verlagswebsite www.grin.com ist die ideale Plattform zur Veröffentlichung von Hausarbeiten, Abschlussarbeiten, wissenschaftlichen Aufsätzen, Dissertationen und Fachbüchern.

Besuchen Sie uns im Internet:

http://www.grin.com/

http://www.facebook.com/grincom

http://www.twitter.com/grin_com

Technische Universität Chemnitz

Institut für Soziologie

Professur für Allgemeine Soziologie I

Übung: Mikrosoziologie   Grundzüge der Soziologie

Wintersemester 2004/05

Warum trägt der Clown immer so große Schuhe?

- die Rollentheorie am Beispiel des Clowns -

Studiengang: Soziologie (Diplom)

Anzahl der Fachsemester: 1

Datum der Abgabe: 04.03.2005

Inhaltsverzeichnis

Einleitung

Wenn uns ein unbekannter Gast auf einer Party vorgestellt wird, dann erfahren wir meist etwas über Name, Alter, Beruf, Familienstand und eventuell noch über die Hobbys des Fremden. Dann haben wir das Gefühl, er wäre uns doch nicht mehr so fremd. Wie kommt das? Es gibt viele Menschen, die gleiche Merkmale in Beruf, Alter und so weiter aufweisen. Trotzdem glauben wir eine Fremden aufgrund weniger Aussagen, wenn auch nur flüchtig, zu kennen. Sind das nur vorschnelle Bilder, die wir uns zusammen reimen oder kann man wirklich einen Fremden anhand weniger Aussagen grob charakterisieren? Wenn das der Fall ist, woher hat dann ein Mensch diese Fähigkeit? Man könnte meinen, derartige Einschätzungen wären oberflächlich und würden das einzigartige Individuum vernachlässigen. Aber sind es nicht gerade diese Vereinfachungen, die uns das Leben im Alltag überhaupt ermöglichen? Indem wir ein bestimmtes System in die vielen Menschen bringen, die uns jeden Tag begegnen, erleichtern wir uns das Zusammenleben.

Ich habe mich als Kind immer gefragt, warum der Clown ständig so große Schuhe trägt. Ich meine damit nicht *den* Clown, sondern generell alle Clowns. Ich habe in meinem Leben so viele verschiedene Clowns gesehen: Die einen waren groß, die anderen klein, die nächsten waren dick, andere wiederum sehr schlank. Aber eins hatten sie alle gemeinsam: Sie trugen immer riesige Schuhe. Ist diese Art der Kleidung gewollt und können wir sie somit als typisches Merkmal eines Clowns bezeichnen? Oder war das nur Zufall, denn für mich als einzelne ist es wohl kaum möglich, alle Clowns der Welt zu sehen zu bekommen? Diesen und ähnlichen Fragen möchte ich nun in meiner Arbeit zur Rollentheorie nachgehen.

1. Die soziale Rolle

Soziale Rollen gibt es in jeder Gesellschaft. Sie sind Richtlinien des menschlichen Verhaltens und stellen somit eine Art Sicherheitssystem für Interaktionen dar. Rollen haben außerdem einen Bezug auf bestimmtes Verhalten und Einstellungen, wobei ein Mensch meist mehrere Rollen verkörpert. Es gibt aber keine allgemeinen Gesetze, die dem Rollenträger vorschreiben, wie er sich verhalten muss. Sonst gäbe es kein abweichendes Verhalten und kein Verhalten, für das es keinerlei Rolle gibt... (Esser 1999: S.60). Wenn eine Person einkaufen geht oder gerne in den Bergen wandert, dann sind das Beispiele für Verhaltensweisen, denen man nur schwer eine Rolle zuordnen kann.

Die soziale Rolle stellt eine Verbindung zwischen dem Einzelnen und der Gesellschaft her: Der Einzelne *ist* seine sozialen Rollen, aber diese Rollen *sind* ihrerseits die ärgerliche Tatsache der Gesellschaft. (Dahrendorf 1974: S.133). Soziale Rollen dienen in der Soziologie der Analyse von menschlichem Handeln. Mit deren Hilfe versucht der Soziologe zu verstehen, warum verschiedene Menschen in bestimmten Situationen auf die gleiche Art und Weise handeln. Die Rolle an sich ist aber unabhängig von dem einzelnen Träger denkbar. Zusätzlich sollte man beachten, dass die soziale Rolle nicht die Wirklichkeit darstellt, sondern nur eine wissenschaftliche Vereinfachung ist (vgl. Dahrendorf 1974: S.134).

1.1. Erwartungen an den Rollenträger

In dem Moment, wo man eine soziale Rolle wahrnimmt, tritt auch eine gewisse Verbindlichkeit ein. Rollen sind ein Bündel von Erwartungen, welche durch die Gesellschaft definiert werden. Diese trägt an jeden bestimmte Rollenerwartungen heran, die dessen Denken und Handeln in der Umwelt beeinflussen. Diese Rollenerwartungen ergeben sich aus dem sozialen Kontext und sind zeitabhängig. Vor hundert Jahren zum Beispiel setzte die Gesellschaft an die Rolle einer Frau ganz andere Erwartungen als heute. Damals sollte die Frau verheiratet sein, möglichst zu Hause bleiben und sich um Haushalt und Kinder kümmern. Heutzutage ist es in Deutschland nichts Ungewöhnliches, wenn eine Frau arbeiten geht und trotzdem Kinder und Haushalt meistert. Alleinerziehende Frauen wären vor hundert Jahren undenkbar gewesen. Daran sieht man, dass soziale Rollen einem ständigen gesellschaftlichen Wandel unterliegen.

Die Entscheidung für oder gegen das Ausleben der Rollenerwartungen erfolgt individuell. Hierbei gibt es zwei Möglichkeiten: Entweder man nimmt die Forderungen der Gesellschaft an oder man lehnt diese ab. Die Bezugsgruppe legt dabei die jeweiligen Sanktionen fest. Der Rollenträger muss sich zwischen Individualität und der Anerkennung durch die Gesellschaft entscheiden. Wenn man sich den Forderungen der Gesellschaft beugt, verliert man zwar seine Individualität, aber dafür bekommt man als Gewinn die Anerkennung von der Gesellschaft. Lehnt man die Forderungen der Gesellschaft ab, kann man zwar seine Individualität bewahren, aber solches Verhalten wird von der Bezugsgruppe negativ sanktioniert und kann sogar zum Ausstoß aus der Gesellschaft führen.

Das von der Gesellschaft erwartete Rollenverhalten kann erlernt werden. Die dafür verantwortlichen Prozesse sind Sozialisierung (*socialization*) und Verinnerlichung (*internalization*). Eltern, Lehrer, Kirchen und weitere Instanzen erziehen die Kinder gemäß den Erwartungen der Gesellschaft und bringen ihnen somit das Rollenverhalten bei. Die Kinder lernen den Inhalt ihrer Rollen und die möglichen positiven und negativen Sanktionen. Rollenlose Personen gibt es in der Soziologie praktisch nicht, da jeder Mensch einen Teil der Gesellschaft darstellt und ihm damit bestimmte Rollen zugeteilt wurden. Auch wenn ein Kind nicht richtig oder zu wenig sozialisiert wurde, zum Beispiel aufgrund von falscher Erziehung, kann es das Rollenverhalten auch nachträglich noch erlernen.

1.1.1. Muss-/Soll- und Kann-Erwartungen

Soziale Rollen sind ein Zwang... (Dahrendorf 1974: S.146), denn sie zwingen den Rollenträger, die Erwartungen der Gesellschaft vor seine eigenen Wünsche und Bedürfnisse zu stellen. Im allgemeinen unterscheidet man drei Arten von Erwartungen, welche die Gesellschaft an die Rollenträger richtet.

Zum einen gibt es die Muss-Erwartungen. Sie sind absolut verbindlich und der Rollenträger ist verpflichtet, diese auch zu erfüllen. Andernfalls muss er mit negativen Sanktionen durch die Bezugsgruppe rechnen. Solche Muss-Erwartungen sind staatliche Gesetze, Vorschriften oder Verbote, deren Einhaltung von dem jeweiligen Rechtssystem überwacht und garantiert wird. Von dem Schatzmeister eines Vereins zum Beispiel wird erwartet, dass er die Finanzen des Vereins kontrolliert und verwaltet. Wenn er mit dem Geld nicht umgehen kann oder den Verein durch sein Verhalten verschuldet, dann wird er abgesetzt und ein anderer bekommt seinen Posten als Schatzmeister. Die Bezugsgruppe hat sein abweichendes Verhalten mit dem Entzug seiner Aufgaben sofort sanktioniert. Möglicherweise wird er auch aus dem Verein ausgeschlossen oder muss sich wegen seiner Vergehen vor einem Gericht verantworten.

Eine weitere Art sind die Soll-Erwartungen. Sie sind bedingt verbindlich und kommen oft von öffentlichen Institutionen und Organisationen wie zum Beispiel Vereinen, Betrieben, Parteien und so weiter. Diese Organisationen haben spezielle Gewohnheiten und Normen. Unter Umständen sind negative Sanktionen möglich. Wenn beispielsweise in Deutschland wieder einmal die Gegend an der Oder überschwemmt ist, dann erwartet das Technische Hilfswerk von seinen Mitgliedern, dass sie den Einwohnern in der betroffenen Region helfen. Wenn die Mitglieder an der Hilfsaktion teilnehmen, werden sie mit Sympathie belohnt. Wenn aber Einzelne nicht bereit sind zu helfen, dann werden dieses Mitglieder möglicherweise von anderen sanktioniert, indem man sie verachtet oder sozial ausschließt. In gewisser Weise sanktioniert sich derjenige auch selbst, wenn er später ein schlechtes Gewissen hat. Vielleicht fällt bei der großen Masse an Helfern aber auch gar nicht auf, dass einige nicht mitmachen und es folgen keine negativen Sanktionen durch die Bezugsgruppe.

Als dritte und letzte Möglichkeit gibt es noch die so genannten Kann-Erwartungen. Sie sind relativ unverbindlich, aber wenn man sie erfüllt, erhält man positive

Sanktionen und wird von anderen geschätzt. Wenn ich zum Beispiel heute Abend einen Kuchen backen will und ich bemerke, dass ich keinen Zucker habe, dann gehe ich zu einer Nachbarin und hoffe, dass sie mir welchen leiht. Wenn sie auch keinen hat, dann hatte ich eben Pech und muss jemand anderen fragen oder morgen Zucker kaufen und dann erst backen. Hat meine Nachbarin aber Zucker und gibt ihn mir, dann werde ich sie mit einem Stück von meinem leckeren Kuchen belohnen.

1.1.2. Shakespeare- ein historisches Beispiel

William Shakespeare, der an sich kein Soziologe war, hat einen Monolog geschrieben, der den Begriff der sozialen Rolle sehr gut verdeutlicht. Dieser Gedankengang ist auch bekannt unter dem Titel The seven Ages of Man :

 All the world s a stage,
And all the men and wo men merely players;
They have thei r exits, and their entrances;
And one man i n his time plays many par ts,
His acts being seven ages. At f irst the infant,
Mewling and puking in the nurse s arms;
Then the wi ning schoolboy, with has satchel;
And shi ning morning face, creepi ng like snail
Unwilling to school: and then, the lover,
Sighing like furnace, with a woeful ballad
Made to hi s mistree eyebrow: Then, a soldier;
Full of strange oaths, and bear ded like a pard,
Jealous in honour, sudden and quick in quarrel,
Seeking the bubble reputation
Even i n the cannon s mouth: and then, the j ustice;
In fair round belly, with good capon lin d,
With eyes severe, and beard of for mul cut,
Full of wise saws, and moder n instances.
And so he plays his part. The sixth age shi fts
Into the lean and slipper d pantaloon:
With spectacl es on nose and pouch on si de;
His youthful hose well sav d, a world too wide
For his shrunk shank; and hi s big manly voice
Turning again toward childish tremble, pipes
And whistles in his sound: Last scene of all,
That ends hi s strange eventful history.
Is second chil dishness, and mor e oblivion;
Sans teeth, sans eyes, sans taste, sans ever ything. (Dahrendorf 1974: S.137 f.)

Laut Shakespeare ist die ganze Welt wie eine Theaterbühne und alle Menschen sind die Schauspieler. Jeder hat mehrere Auf- und Abtritte. Ein Mann spielt in seinem Leben genau sieben Rollen in verschiedenen Masken. Auf den ersten Blick erscheint es zwar, als handle der Monolog nur von Berufs- und Altersrollen, aber er zeigt auch allgemeine soziale Verhaltensweisen.

Als heulendes, hilfloses Kind betritt die Person zuerst die Bühne. Dann verlässt er sie, um als unwilliger Schuljunge wiederzukehren. Alle Zuschauer erwarten ihn mit einer großen Mappe, einem glänzenden Gesicht und schlechter Laune. In seiner nächsten Rolle ist er der Liebhaber, wobei er stöhnt und seiner Liebsten Lieder singt. Bei seinem nächsten Auftritt erscheint er als Soldat. Die Gesellschaft erwartet von ihm, dass er einen Bart trägt, sehr streitlustig ist und empfindlich in seiner Ehre. Bei seinem vorletzten Auftritt spielt er einen Richter. Er kleidet und rasiert sich ordentlich. Außerdem hat er strenge Augen und benutzt viele weise Sprüche. Sein letzter Auftritt ist der des alten Mannes, der nicht mehr essen kann, weil ihm die Zähne fehlen, und der kaum noch etwas sieht. Der Mensch macht laut Shakespeare in seinem letzten Lebensabschnitt einen Rückschritt und verhält sich wieder wie ein Kind. Als alter Mann tritt er endgültig von der Bühne ab, aber es kommen andere, welche die selben Rollen spielen.

In diesem Monolog wird deutlich, dass die Gesellschaft an jede Rolle bestimmte Erwartungen stellt und diese vom Rollenträger auch erfüllt werden. Damit wird auch deutlich, dass die verschiedenen Rollen nicht vom Einzelnen abhängig sind. Heute sind die Erwartungen an einen Richter zum Beispiel nicht mehr die selben wie zu Shakespeares Zeit, aber entscheidend ist, dass diese Erwartungen zu einer bestimmten Zeit für alle Richter galten beziehungsweise noch gelten.

1.2. Rechte und Pflichten der sozialen Rolle

Innerhalb sozialer Positionen übernimmt jeder Mensch Rechte und Pflichten, welche sowohl individuelle, als auch gesellschaftliche Bezüge haben. Insgesamt gleichen sich die Rechte und Pflichten eines jeden jedoch aus. Der Rollenträger übernimmt die Anforderungen der Gesellschaft und trotzdem ist sein Verhalten nicht unbedingt vorhersehbar. Obwohl die Gesellschaft an jeden Rollenträger bestimmte Forderungen stellt, führt er seine Rolle auf seine ganz eigene Art und Weise durch und es entstehen erlaubte Abweichungen. Hierbei ist der Vergleich zum Theater durchaus angebracht. Wenn ein Schauspieler eine Person spielen soll, bekommt er einige Vorgaben, wie er sie spielen soll. Diesen Rahmen zeigen ihm der Regisseur, das Drehbuch oder die Kollegen. Der Schauspieler wird ständig von andere beobachtet, wie er seine Rolle spielt. Dabei wird besonders auf Konformität und Abweichungen geachtet. Aber innerhalb der Vorgaben hat der Schauspieler die Möglichkeit seine Rolle mitzugestalten. Manchmal verändert er die Rolle auch aufgrund von Kritik anderer.

Mit sozialen Rollen ist das ebenso: Zwei Menschen leben ihre Rolle auf ähnliche Weise aus, aber man kann auch individuelle Züge erkennen. Auf der gesellschaftlichen Bühne sind alle zugleich Regisseure und Schauspieler. Sie spielen eine von anderen vorgegebene Rolle und haben ihrerseits die Möglichkeit, die eigene und die Rollen anderer zu prägen. Aber das Stück hat kein absehbares Ende. Man kann zwar zeitweise die Bühne verlassen. Dann kommt es zu inoffiziellen Situationen, in denen man mehr hinter der Bühne agiert. Der Rollenträger hat das Recht, auch einmal allein zu sein und sich nicht in die Karten schauen zu lassen. Es ist ihm aber nicht möglich, das Theater an sich zu verlassen.

2. Der Rollenkonflikt

Es gibt mehrere Ursachen, warum es zu einem Rollenkonflikt kommt. Eine Möglichkeit ist der sogenannte *Interrollenkonflikt*. Er entsteht immer dann, wenn eine Person mehrere Rollen mit unterschiedlichen gesellschaftlichen Forderungen wahrnimmt. Der Rollenträger muss mit widersprüchlichen Erwartungen an die verschiedenen Rollen in gleichen Situationen zurecht kommen. Indem er die Erwartungen der einen Bezugsgruppe erfüllt, enttäuscht er mit seinem Verhalten die andere und muss sich eventuellen Sanktionen stellen. Ein Beispiel dafür wäre ein Mädchen, das gerade sein Abitur macht und deshalb lernen müsste. Gleichzeitig spielt sie in einem Sportteam und von ihr wird erwartet, dass sie in ein Trainingslager mitfährt. Außerdem hat noch ihre Großmutter Geburtstag und sie ist zu deren Feier in einer anderen Stadt eingeladen. In allen drei Rollen werden an das Mädchen verschiedene Erwartungen gerichtet und sie muss sich nun entscheiden.

Eine weitere Art des Rollenkonflikts ist der *Intrarollenkonflikt*. Dieser entsteht immer dann, wenn verschiedene Erwartungen durch mehrere Personen an ein und dieselbe Rolle gerichtet werden. Ein Beispiel dafür ist der Beruf des Lehrers. Einerseits ist er Ansprechpartner für die Schüler und sie erwarten, dass er sie fair behandelt und benotet. Andererseits ist er aber dem Rektor untergeordnet und ihm gegenüber zu Loyalität verpflichtet. Wenn ein Lehrer nun den Sohn des Rektors unterrichtet und ihm eine schlechte Note geben muss, dann kann diese Art des Konflikts auftreten.

Und als dritte und letzte Möglichkeit gibt es noch den so genannten *Person-Rolle-Konflikt*. Diese Form tritt immer dann auf, wenn sich die Rollenerwartungen der Gesellschaft gegen die Ideale des Rollenträgers richten. Als Beispiel dazu würde ich einen Gefängniswärter nennen. Ihm wurde von seinen Vorgesetzten aufgetragen, die Gefangenen wegen eines Vergehens mit Schlägen zu bestrafen. Der Wärter ist aber ein Vertreter der Menschenrechte und deshalb ist es ihm unmöglich, solch einen Befehl auszuführen ohne sich selbst und seine Meinung zu verraten.

Die Lösung des Rollenkonflikts, egal welcher Art, liegt in den Händen des Rollenträgers. Er kann sich einerseits nach dem größten Nutzen, den sein Verhalten ihm bringen würde, entscheiden (*Sanktionsdimension*). Andererseits kann er den Rollenkonflikt auch nach der größten Legitimität (*Legitimitätsdimension*) lösen. Oder er entscheidet nach seinen eigenen Idealen (*Bedürfnisdimension*) und wählt die Alternative, die er am besten mit seiner Meinung vereinbaren kann.

3. Die soziale Position

Als soziale Position bezeichnet man die Rolle des Menschen, an welche die Erwartungen der Gesellschaft gerichtet sind. Es handelt sich um ... ein[en] Ort in der Gesellschaft, [...] den sie im Laufe des bisherigen Lebens erreicht haben. (Huinink 2001: S.42). Zum Beispiel gibt es die berufliche Position wie Arzt oder Rechtsanwalt und gleichzeitig besteht die private Position wie Vater oder Ehefrau.

Es gibt zwei Arten von Positionen: Zum einen die *zugeschriebenen* (*ascribed positions*) und zum anderen die *erworbenen* Positionen (*achieved positions*). Die zugeschriebenen sind solche Positionen, die der Person ohne ihren Einfluss zufallen. Wenn ein Mensch in Deutschland geboren ist, dann hat er automatisch die deutsche Staatsbürgerschaft. Das wäre ein Beispiel für eine zugeschriebene Position. Die erworbenen Positionen konnte sich derjenige selbst aussuchen. Wenn eine Person Auto fahren möchte und sich deshalb entscheidet, den Führerschein zu machen, dann nimmt er die selbstgewählte Position des Autofahrers ein. Erworbene Positionen werden oft nach dem Prinzip der Leistung vergeben, das heißt man muss bestimmte Kriterien erfüllen, um berechtigt zu sein, diese Position einzunehmen. Zugeschriebene Positionen können jedoch zu erworbenen werden und umgekehrt (vgl. Dahrendorf 1974: S.162). Manchmal ist es schwierig die zugeschriebenen Positionen von den erworbenen zu unterscheiden, denn es gibt auch Grenzfälle, auf die ich hier aber nicht näher eingehen werde.

Soziale Positionen sind generell unabhängig von dem Einzelnen, der sie inne hat. Wenn man die soziale Position eines Menschen kennt, kann man sich ein Netz anderer Positionen denken, die miteinander verknüpft sind (vgl. Dahrendorf 1974: S.141). Das nennt man auch Positionsfeld.

Die Forderungen der Gesellschaft an den Träger der sozialen Positionen werden in zweierlei Hinsicht unterschieden: Zum einen gibt es da das *Rollenverhalten*, welches die Ansprüche an das Verhalten der Träger sozialer Rollen beschreibt. Und zum anderen gibt es noch das *Rollenattribut*. Das sind die Ansprüche an deren Aussehen und Charakter.

Zusammenfassung

Bleibt letztendlich immer noch die Frage, warum der Clown stets so große Schuhe trägt. Ich möchte versuchen, diese Frage aus verschiedenen Sichtweisen zu beantworten.

Zunächst frage ich mich: Was erwartet die Gesellschaft von der Rolle des Clowns? Oder anders gefragt: Was macht jemanden zu einem Clown? Da gibt es sicherlich viele Möglichkeiten. Ich glaube aber, dass jeder, trotz kleiner Abweichungen, ähnliche Vorstellungen zum Äußeren eines Clowns hat. Aber wie kommt das? Wurde uns dieses Wissen quasi in die Wiege gelegt? Ich denke, dass vor allem die erste Begegnung mit einem Clown die Vorstellungen von dieser Rolle prägen.

Wenn ich mir einen Clown vorstelle, dann denke ich grundsätzlich an einen Mann. Ich weiß nicht, ob das gewollt ist, aber ich habe noch nie einen weiblichen Clown gesehen; nicht einmal zu Fasching. Außerdem denke ich an ein geschminktes Gesicht mit roter Nase und rotem Mund. Ein ungeschminkter Clown wirkt irgendwie so normal und auch nicht witzig. Und man erwartet doch von einem Clown, dass er andere Menschen, vor allem Kinder, zum Lachen bringt. Und damit bin ich auch schon bei der Muss-Erwartung schlechthin: Ein Clown *muss* witzig sein! Es ist seine Pflicht, Menschen zu unterhalten. Wenn jemand nicht in der Lage ist, andere zum Lachen zu bringen, dann ist er für die Rolle des Clowns völlig ungeeignet. Neben dieser extrem wichtigen Eigenschaft ist auch weite, bunte Kleidung wichtig. Farben haben auf das menschliche Gemüt einen großen Einfluss und bunte Farben wie Gelb, Rot oder Grün machen Menschen fröhlich. Ich könnte mir niemals einen Clown in komplett schwarzen Sachen vorstellen. Er könnte noch so humorvoll sein, aber nur wenige würden über ihn lachen. Außerdem sind da noch die großen Schuhe. Die braucht der Clown um etwas unbeholfen durch die Gegend zu waten und die Leute zu unterhalten. Es gibt noch mehr Eigenschaften, die ich jetzt aufzählen könnte, aber ich will es dabei belassen.

Entscheidend ist noch die Frage, ob der Clown immer so witzig und gut gelaunt ist. Ich denke eher nicht. Vielleicht ist er ein sehr einsamer Mensch, weil viele ihn gar nicht richtig ernst nehmen. Das wäre auch eine Möglichkeit für einen Rollenkonflikt. Auf jeden Fall ist denkbar, dass seine lustige Art ein Teil seiner Maske ist. Eigentlich hat er auch gar keine Wahl, denn solches Verhalten wird von ihm erwartet. Sonst wird er von der jeweiligen Bezugsgruppe sanktioniert. Wird der Clown zum Beispiel für eine Feier engagiert und er kann die Gäste nicht belustigen und unterhalten, bekommt er wahrscheinlich keine Gage, weil er seine Aufgabe nicht erfüllt hat. Der Clown ist somit eine berufliche Position. Eventuell ist der Clown hinter der Bühne ein völlig anderer Mensch und seine witzige Art sozusagen erzwungen. Der Mensch, der sich hinter der Rolle des Clowns verbirgt, erfüllt auch andere Rollen. Vielleicht ist er ein sehr strenger Familienvater. Das wäre wieder ein Beispiel für einen Rollenkonflikt. Für fremde Kinder ist er der lustige Clowns und zu seinen eigenen Kinder ist er ein strenger Vater. Wahrscheinlich verkörpert er auch die Rolle des Sohnes, des Autofahrers, des Ehemanns und so weiter.

Insgesamt denke ich, dass ein Clown die Erwartungen der Gesellschaft an seine Rolle nicht unbedingt als Forderungen sieht. Ich glaube, speziell diese Rolle muss man mit einer gewissen Leidenschaft spielen, um mit ihr Erfolg zu haben.

Literaturverzeichnis

Abels, H. (2001): Einführung in die Soziologie. Band 2: Die Individuen in ihrer Gesellschaft. Hamburg: Westdeutscher Verlag.

Dahrendorf, R. (1974): Homo-Sociologicus. Versuch zur Geschichte, Bedeutung und Kritik der Kategorie der sozialen Rolle. In: Ders.: Pfade aus Utopie. München/Zürich: Piper.

Esser, H. (1999): Soziologie. Allgemeine Grundlagen. 3.Auflage. Frankfurt/Main, New York: Campus Verlag.

Huinink, J. (2001): Orientierung Soziologie. Was sie kann, was sie will. Hamburg: Rohwolt.